NOTICE

DE

TABLEAUX

ANCIENS ET MODERNES,

ET D'UNE

Collection de 3,000 Dessins de l'École Française,

PAR BOUCHER, GREUZE, ETC.,

Du Cabinet de M. le Vicomte E. DE PLINVAL,

DONT LA VENTE SE FERA

Les Mardi 14, à midi, pour les Tableaux et Dessins,
et le Mercredi 15 Avril 1846, matin et soir,
pour la continuation des Dessins.

HOTEL DES VENTES MOBILIÈRES,

RUE DES JEUNEURS, N. 16,

Par le ministère de Me **BONNEFONS DE LAVIALLE**,
Commissaire-Priseur, rue de Choiseul, 11,

Assisté de M. **DEFER**, Expert, quai Voltaire, 19.

Chez lesquels se distribue la présente Notice.

EXPOSITION PUBLIQUE

Le Lundi 13, de midi à cinq heures.

PARIS

IMPRIMERIE ET LITHOGRAPHIE DE MAULDE ET RENOU,

RUE BAILLEUL, 9 ET 11.

1846

3304

AF373634

NOTICE

DE

TABLEAUX

ANCIENS ET MODERNES,

ET D'UNE

Collection de 3,000 Dessins de l'École Française,

PAR BOUCHER, GREUZE, ETC.,

Du Cabinet de M. le Vicomte E. DE PLINVAL.

DONT LA VENTE SE FERA

*Les Mardi 14, à midi, pour les Tableaux et Dessins,
et le Mercredi 15 Avril 1846, matin et soir,
pour la continuation des Dessins.*

HOTEL DES VENTES MOBILIÈRES,

RUE DES JEUNEURS, N. 16,

Par le ministère de Me **BONNEFONS DE LAVIALLE**,
Commissaire-Priseur, rue de Choiseul, 11,

Assisté de M. **DEFER**, Expert, quai Voltaire, 19.

Chez lesquels se distribue la présente Notice.

EXPOSITION PUBLIQUE

Le Lundi 13, de midi à cinq heures.

PARIS

IMPRIMERIE DE MAULDE ET RENOU,

RUE BAILLEUL, 9-11, PRÈS DU LOUVRE

—

1846.

3304

Ordre et Conditions de la Vente.

Les Mardi 14, à midi, Dessins, et à 3 heures les Tableaux.

Le Mercredi 15, la continuation des Dessins.

Les acquéreurs paieront cinq pour cent en sus des adjudications, applicables aux frais.

DÉSIGNATION.

TABLEAUX ANCIENS ET MODERNES ET DESSINS.

BIDAULT, 1823 (M.).

1 — Paysage historique du bon temps du maître
et d'une exécution soignée.

BOUCHER (François).

2 — Neptune et Amphitryte. Tableau peint en
grisaille, signé Boucher, 1769.

3 — Agar et Ismaël dans le désert. Grisaille.

CHARDIN (Attribué à).

4 — La Savoneuse.

CLAUDE LE LORRAIN (École de).

5 — Paysage avec figure de *Jean Miel*.

DREUX-DORCY (M.).

6 — Buste de jeune fille. Joli pastel.

7 — Autre buste de jeune fille. Gracieux Pastel.

ÉCOLE ESPAGNOLE.

8 — Assomption de la Vierge, elle est portée au
ciel par des anges. Tableau inspiré des
compositions de Murillo.

ECOLE HOLLANDAISE (Signé B. P.).

9 — Le Concert. Tableau fin d'exécution.

FLINCK (Govart).

10 — Portrait de femme.

FRAGONARD (Genre de).

11 — La Folie.

GONZALÈS COOK.

12 — Portrait d'une jeune femme à mi-corps, elle
tient une lance et près d'elle sont deux
lévriers. Charmant tableau.

GOYEN (Jean Van).

13 — Monument et maison au bord d'une rivière.
Tableau d'un ton argentin.

GRIEFF.

14 — Oiseaux et gibiers dans un paysage.

GUDIN (M. Théodore).

15 — Marine. Effet de soleil levant, à droite de
la composition des rochers en avant des-
quels est à sec une embarcation que des
matelots radoubent; à gauche la pleine
mer. Signé Gudin, 1844.

Du même.

16 — Marine par un ciel brumeux; à gauche, une
falaise, quelques bateaux pêcheurs et autres embarcations en pleine mer. Signé
Gudin, 1844.

GREUZE.

17 — Tête d'enfant.

GREUZE (D'après).

18 — Tête de Madeleine.

LACROIX, élève de J. Vernet.

19 — Une Marine.

DUVAL-LECAMUS fils. (M.)

20 — Sujet de l'Ancien Testament. La coupe de Joseph trouvée dans le sac de Benjamin. Tableau de concours.

MIGNARD (Attribué à).

21 — Sainte Cécile chantant les louanges de Dieu en s'accompagnant de la harpe. Ce tableau gracieux est regardé comme une répétition du grand tableau.

MILLET dit FRANCISQUE.

22 — Paysage.

MIREVELT (Michel).

23 — Portrait d'homme.

NETSCHER.

24 — Portrait d'homme du siècle de Louis XIV.

PANNINI (Signé).

25 — Ruines romaines.

PATEL (Pierre).

26 — Deux paysages avec ruines à la gouache, ils
    sont signés.

POELEMBURG (Corneille).

27 — La Madeleine dans un paysage; dans le haut
    du tableau, un groupe d'anges portant
    la croix. Charmante composition du bon
    temps du maître.

PORBUS.

28 — Portrait du comte de Montfort, il est vu en
    buste dans un ovale. On lit *ætatis suæ*,
    32. 1617.

REMBRANDT (Genre de).

29 — Portrait de femme.

RAPHAEL (D'après).

30 — La sainte Famille dite celle de François Ier.
    Très belle et ancienne copie dans la gran-
    deur du tableau original qui est au Musée
    royal.

REMBRANDT (Attribué à).

31 — Portrait d'homme; il tient à la main un
    livre et une plume. Peinture d'une belle
    couleur et d'un faire large.

RÉMOND (M.).

32 — Paysage. Vue d'Italie.

RICOIS (M.).

33 — Vue prise à la Chartreuse de Grenoble.
Joli tableau du maître.

ROSALBA.

34 — Portrait de jeune fille. Gracieux pastel.

RIBERA dit L'ESPAGNOLET.

35 — Portrait d'un astronome présumé Galilé.

RUBENS (D'après).

36 — Les quatre Philosophes. Copie d'un tableau
de Rubens à la galerie de Florence.

STELLA (J.).

37 — L'Annonciation. Peinture sur ardoise.

TITIEN (D'après le).

38 — La Vierge dite au lapin. Belle copie d'un
tableau au Musée royal.

TILBORG.

39 — Le Déjeuner. Une femme tenant un verre
de vin, écoute un homme qui semble lui
faire une déclaration. La couleur trans-
parente, la touche large et sévère de ce
tableau, le mettent au rang des bons ouvrages de ce maître.

VAN-DYCK (École de).

40 — Tête de Christ.

WATERLOO (Genre de)

41 — Paysage.

WATTEAU (Antoine).

42 — Petit portrait d'une dame habillée en robe de soie couleur de rose, elle est assise sur un banc et tient dans sa main un luth suspendu par un cordon bleu.

TABLEAUX DE DIVERS MAITRES.

43 — *Ecole française.* Etude de plafond, esquisse peinte.

44 — *Echard.* Tête de vieillard.

45 — *Callet.* Tête de femme.

46 — Une marine dans un cadre ancien.

47 — Paysage de forme ovale.

48 — Claire de lune, genre de *Van-der-Weer.*

49 — Sous ce numéro plusieurs tableaux non catalogués.

DESSINS.

ECOLE FRANÇAISE.
XVIIe ET XVIIIe SIÈCLES.

50   Cent vingt-quatre dessins , sujets divers , sept lots.

51 — Vingt-quatre dessins, par et d'après Lesueur, Lebrun, Mignard, etc., deux lots.

52 — Six dessins, dont les Sibylles d'après Raphaël, par Ango , les Muses par Lebrun et Mignard.

53 — Cinq dessins, portraits, genre de Rigaud.

54 — Vingt-neuf dessins , esquisses , grisailles, aquarelles, par divers maîtres. Deux lots.

55 — Suite de saints et saintes, soixante-deux dessins lavés à l'encre de Chine et au bistre, et peints en grisailles, par Elye et autres artistes. Trois lots.

56 — Portraits divers, dont ceux de madame de Maintenon et le marquis de Beringen , et autres portraits ; quatorze desssins par Cochin, Trinquesse, etc. Trois lots.

57 — Trente-sept dessins par Stella , Coypel , Parrocel, Cheron, Mignard, J. Vernet, Deshayes , Natoire , Bon Boulogne , N. Loir, etc. Quatre lots.

58 — Quarante-deux dessins, par Delarue, Beauvais et autres maîtres français.

59 — Trois dessins par Le Barbier, Brenet et
l'Epicié.

60 — Vingt et un dessins, par Fragonard, La-
grenée, Lafage, Lavallée, Poussin et Delarue, etc. Deux lots.

61 — Quatre-vingt-dix dessins de vignettes, fleu-
rons, etc., pour divers ouvrages, par Moreau, Monnet, Eisen, Gravelot, Cochin,
et autres dessinateurs français. Trois lots.

62 — *École française.* Sujets divers, huit dessins
à l'aquarelle et à l'encre de Chine, par
Etienne et autres.

63 — Costumes et scènes familières du dix-huitième siècle, quatre-vingts dessins par divers maîtres françois. Trois lots.

64 — Paysages et ruines d'architecture, par Robert, Fragonard, Pillement, Vigliani,
Demachy, Lallemand et Martigny, Clerisseau, Sarrasin, etc., et autres artistes
français au dix-huitième siècle. Quatre
cent quinze dessins. Huit lots.

65 — Costumes de soldats sous Louis XV, trois
dessins à la sanguine.

66 — Costumes et sujets divers, par Hilaire,
Daussy, Gadebois, etc., vingt et un dessins.

67 — Dix dessins, par Palmerius, Delille, genre
de Watteau, etc.

68 — Etudes de tableaux, costumes époque
Louis XV, etc., vingt dessins par Lau-

eret, Cochin, Watteau, Huet, etc. Trois
lots.

69 — Trois dessins et aquarelles, par Lawrence
et autres.

70 — Vingt-trois dessins par Stella, Verdier, Delarue, Tarraval, Lallemand, etc.

71 — *Ecole française*, dix-huitième siècle. Paysages et études, cent quatre-vingt-sept dessins au crayon, lavés à l'encre, à la sépia
et à l'aquarelle, par divers artistes. Huit
lots.

72 — Têtes d'études et académie à la sanguine.

73 — Deux cent onze dessins de diverses écoles,
sujets de tous genres par divers maîtres.
Neuf lots.

74 — Sujets de chasses, études de têtes, etc. Onze
grands dessins par divers artistes de diverses écoles.

75 — Sujets et portraits historiques, vingt et un
dessins, par divers maîtres français. Trois
lots.

76 — Trente-sept dessins, allégories, architectu-
res et ornements, frises, projets, vues de
Paris, etc. Deux lots.

77 — Trente et un dessins, allégories, frises, ornements, etc., par des artistes français.
Deux lots.

78 — Dix-neuf sujets et portraits.

79 — Sujets familiers, dix dessins.

80 — *Benoit*. Henri III instituant l'ordre du Saint-
Esprit. Curieux dessin.

81 — *Bruandet*. Paysages, intérieur de forêt, dix-
huit dessins lavés à l'encre et au bistre,
et à la gouache, de ce nombre quelques
uns de Louis Moreau. Trois lots.

82 — *Boucher*. Sacrifice à l'Amour, très beau dessin à plusieurs crayons, signé et daté 1763,
Diane, trois têtes de jeunes filles, jeune
fille en pied, jeune fille et enfant, etc.;
douze gracieux dessins sur papier de couleur, au crayon, rehaussé de blanc, et à
la sanguine. Cet article sera divisé.

83 — *Boucher*. Trois têtes de jeunes filles et jeune
garçon. Dessin à plusieurs crayons.

84 — L'Amour rendant des cœurs. Dessin à plusieurs crayons mêlés de pastel.

85 — Enfants ailés et têtes de jeunes filles. Trois
dessins à plusieurs crayons.

86 — *Ecole de Boucher*. Sujets gracieux, pastorales, etc., vingt-neuf dessins par divers
artistes imitateurs de Boucher. Trois lots.

87 — *Chatelet*. Vues prises dans le royaume de
Naples et de Sicile, huit aquarelles gra-
vées dans l'ouvrage de Saint-Non.

88 — *Clermont*. Sujets et scènes champêtres, pastorales, etc., soixante-dix-sept dessins.
Cinq lots.

89 — *Clerisseau, architecte*. Ruines romaines.
Deux aquarelles.

90 — *Boissieu*. Tête d'enfant, dessin à la sanguine.

91 — *Demarne*. Un dessin, paysage lavé à l'encre de Chine.

92 — *Dumoustier*. Deux portraits de femme à plusieurs crayons, et un portrait d'homme par Lagneau, peintre sous Henri IV.

93 — *Fragonard*. Trois dessins à la sépia.

94 — *Gadebois*. Paysages et vues, vingt-sept gouaches par Gadebois, plus cinq gouaches par divers artistes. Quatre lots.

95 — *Greuze* (*J. B.*) Une jeune fille brise des flèches ; elle sourit de son ouvrage. Beau dessin très terminé lavé à l'encre de Chine.

96 — Dessin crayon noir, rehaussé de blanc ; première pensée du joli tableau de la cruche cassée.

97 — Deux dessins. Invocation à l'Amour, et une mère et son enfant endormi.

98 — Jeune fille écrivant, l'Amour lui conduit la main. Beau dessin terminé et lavé à l'encre de Chine.

99 — Un dessin à la sepia signé *Greuze*.

100 — Neuf dessins, études, lavé énergiquement à l'encre de Chine. Cet article sera divisé.

101 — Costumes italiens. Cinq dessins lavés à l'encre de Chine.

102 — Une mère avec trois enfants, dont un pleure devant elle.

103 — Têtes d'études. Douze dessins à la sanguine, de ce nombre plusieurs contre épreuves. Cinq lots.

104 — Têtes d'études, genre de Greuze, autres
d'après les grands maîtres; neuf dessins

105 — La mort de Socrate. Croquis d'une composition pour un tableau.

106 — *Huet.* Scènes pastorales, deux dessins à
l'aquarelle signés et datés de 1783.

107 — Costumes et scènes champêtres par Huet
et J. B. Le Prince, seize dessins

108 — *Lallemand.* Vues de Paris, de France;
soixante-huit dessins au crayon lavés à
l'encre et coloriés. Trois lots.

109 — *Du même.* Vue de monuments romains et
autres monuments d'architecture, quatre-
vingt-quatorze dessins au crayon lavé à
l'encre et à l'aquarelle. Quatre lots.

110 — *Du même.* Paysages, sujets champêtres.
Soixante-onze dessins lavés à l'encre et à
l'aquarelle. Quatre lots.

111 — *Lélu.* Sujets d'histoire et de la fable, allé-
gorie. Quatre-vingt-dix dessins au crayon,
lavé à l'encre et au bistre, dont une allé-
gorie à Mirabeau, dessin gravé. Cinq lots.

112 — *Natoire.* L'Amour. Dessins à plusieurs
crayons mêlé de pastels.

113 — Six dessins, paysages, par Natoire, Robert,
et Pau de St.-Martin.

114 — Douze dessins par Natoire, Verdier, Coypel, etc.

115 — *Taraval.* Trois dessins à plusieurs crayons.

116 — Six dessins, études de Taraval, Natoire,
Le Brun, etc.

117 — Treize dessins. Natoire, Le Brun et son
école.

118 — *Perelle*. Vue de la pointe de l'île Notre-
Dame. Dessin à la plume.

119 — *Perignon*. Paysages et vues de Suisse. Dix-
neuf dessins à l'aquarelle.

120 — *J. B. Leprince*. Costumes de femmes grec-
ques et russes. Dix-neuf dessins à la sanguine.

121 — *Mallet*. Sujets familiers. Quatorze dessins
à l'aquarelle et à la gouache, dont un par
Cochin. Trois lots.

122 — *Sueback*. Scènes militaires. Trente-sept
dessins à la plume et lavé à l'encre, etc.
Quatre lots.

123 — *Verdier*. Histoire d'Alexandre, suite de
cent-six dessins, au crayon sur papier
bleu.

ECOLE FLAMANDE ET ALLEMANDE.

124 — Vingt-deux dessins par et d'après divers
maîtres de l'Ecole, par Echard et autres
artistes allemands et flamands.

125 — Vingt-trois dessins par et d'après Albert

Durer, Martin de Vos, Karle Mander,
Rottenhamer et autres artistes.

126 — *École flamande*. Portrait de Léonard Les-
sius, jésuite. Dessin de l'école de Rubens.

127 — *Asselin*. Paysages et animaux. Dessin du
cabinet de *l'empereur*.

128 — *Jordaens* et autres artistes flamands. Quatre
dessins.

129 — *Luycken*, vingt-deux dessins pour une Bi-
ble.

130 — *Van-Uden*. Paysage, dessin colorié.

131 — Cent-quatre dessins par Freudenberg,
Echard, Le Prince, Delarive, Sche-
nau, etc. Six lots.

DESSINS PAR ET D'APRÈS DES MAITRES DE L'ÉCOLE D'ITALIE.

132 — *École d'Italie*. Sujets de l'Ancien et du
Nouveau-Testament, soixante-douze dessins par et d'après Raphaël, Jules Ro-
main, Lucas Giordano, Cangiage, Lan-
franc, Solimène, Romanelli, et autres
maîtres italiens. Six lots.

133 — Divers sujets sacrés et profanes. Cent soi-
xante-quinze dessins par Ango, Testelin,
Léu, Fragonard et grand nombre d'autres artistes français, d'après des tableaux
et compositions de maîtres de l'École
d'Italie. Neuf lots.

DESSINS ET GOUACHES ENCADRÉES.

134 — Paysages, sujets, costumes, vignettes, portraits et scènes diverses, dix-sept dessins
au crayon, au lavis, à la mine de plomb
et à l'aquarelle, par Pillement, Clermont,
Sueback et autres artistes français. *Cet
article sera divisé.*

135 — Paysages, ruines d'architecture, vingt
dessins à la gouache, par Gadebois. Moreau, Dubois Dragonet, Sueback, Lallemand et autres artistes français. *Cet article sera divisé.*

SUPPLÉMENT.

TABLEAUX ET DESSINS.

MICHEL WOHLGEMUTH.

136 — L'Assomption de la Vierge. Composition
singulière et parfaitement conservée d'un
maître dont les tableaux sont fort rares.

BON BOULLONGNE.

137 — Vénus avec son fils, assise sur une conque
marine et portée par des tritons. (Ovale
sur toile).

F. BOUCHER.

138 — L'Amour essayant ses traits. Joli tableau
peint sur bois.

FERDINAND BOL.

139 — Portrait de femme vue jusqu'aux genoux.
Tableau signé *F. Bol, 1667.*

TITIEN (Attribué au).

140 — Le martyre de saint Pierre Dominiquin.
Esquisse.

F. BOUCHER.

141 — *Le Sommeil interrompu.* Beau dessin au trois
crayons et au pastel. Première pensée
d'un tableau fait pour la marquise de
Pompadour et gravé par Beauvais. (Encadré.)

F. MIERIS.

142 — Diane et la nymphe Calisto. Dessin très
terminé au crayon et lavé à l'encre de
Chine. (*Encadré.*)

DUTAILLY.

143 — Scène d'amour, costume du temps du Direc-

toire. Une femme couchée dans un bosquet semble endormie, tandis qu'un homme joue de la guitare auprès d'elle. Gouache sur soie, *signé Dutaillis, 1796*.

MEISSONIER.

144 — Cent dessins coloriés et au trait. Pièces d'orfèvreries, pendules, lustres, feux et candelabres à l'usage des orfèvres et des bronziers du XVIIIe siècle. (Ce lot sera divisé.)

OUDRY.

145 — Chien caniche poursuivant des canards dans des roseaux.

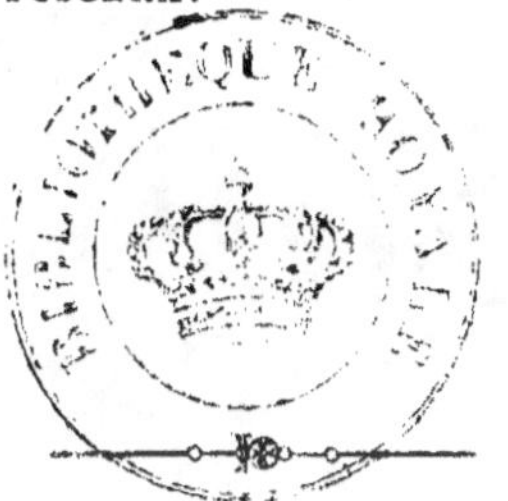

www.ingramcontent.com/pod-product-compliance
Lightning Source LLC
Chambersburg PA
CBHW071306130726
47998CB00003B/1360